中小学
传统文化
艺术读本

陈静 著

[先秦－唐]

ZHONGXIAOXUE
CHUANTONGWENHUA
YISHUDUBEN
[XIANQIN-TANG]

典藏版

山东美术出版社
SHANDONG FINE ARTS PUBLISHING HOUSE

图书在版编目（CIP）数据

中小学传统文化艺术读本．先秦～唐 / 陈静著．--济南：山东美术出版社，2018.6
ISBN 978-7-5330-6432-7

Ⅰ．①中… Ⅱ．①陈… Ⅲ．①中华文化－中小学－课外读物 Ⅳ．① G634.303

中国版本图书馆 CIP 数据核字（2017）第 203970 号

策　　划：	李　艺
责任编辑：	贾　琼　李　艺
装帧设计：	李　伊
主管单位：	山东出版传媒股份有限公司
出版发行：	山东美术出版社
	济南市历下区舜耕路20号佛山静院C座（邮编：250014）
	http://www.sdmspub.com
	E-mail: sdmscbs@163.com
	电话：(0531) 82098268 传真：(0531) 82066185
	山东美术出版社发行部
	济南市历下区舜耕路20号佛山静院C座（邮编：250014）
	电话：(0531) 86193019　86193028
制版印刷：	青岛海蓝印刷有限责任公司
开　　本：	710mm×1000mm 16开　8印张
版　　次：	2018年6月第1版　2018年6月第1次印刷
字　　数：	86千字
印　　数：	1-5000
定　　价：	24.80元

先秦 1

秦汉 30

魏晋南北朝 52

隋唐 91

先秦
远古 - 前221

自远古至夏、商、周三代，历史上概称为"先秦"。先秦时期的部族首领或者王，大都被认为是神的代言人，通过各种祭祀仪式，能够与神灵沟通。这个时代的很多艺术品，从新石器时代的彩陶、玉器，到商、周时代精美的青铜器，往往与祭祀神和祖先的仪式有关，因而常常带有神秘的色彩。

艺术代表：彩陶 青铜器
　　　　　玉器 书法 漆器

艺术史判断：

先秦时期是中国艺术创建与初步发展的时期。如果将人类历史看作一个整体，那么远古时期就是人类的童年，这一时期的艺术创造，处处闪烁着想象力的光芒，与儿童的创造，还真有几分相似呢。

彩陶

　　人类的双手，给予松软的黏土以形状；火焰的温度，改变了泥土的颜色与质地——泥土获得了生命，陶器诞生了。

　　彩陶，开启了我国陶器装饰艺术的先河。泥土烧制出的器物上，有着黑色、红褐色或者棕黄色的装饰花纹。彩陶上的这些装饰纹被认为是迄今发现的中国最早的绘画作品。

　　彩陶最早发现于河南省渑池仰韶村，后来，甘肃省临洮马家窑村也发现了很多彩陶。这些彩陶都是新石器时代的器物，距今约七千至三千年。

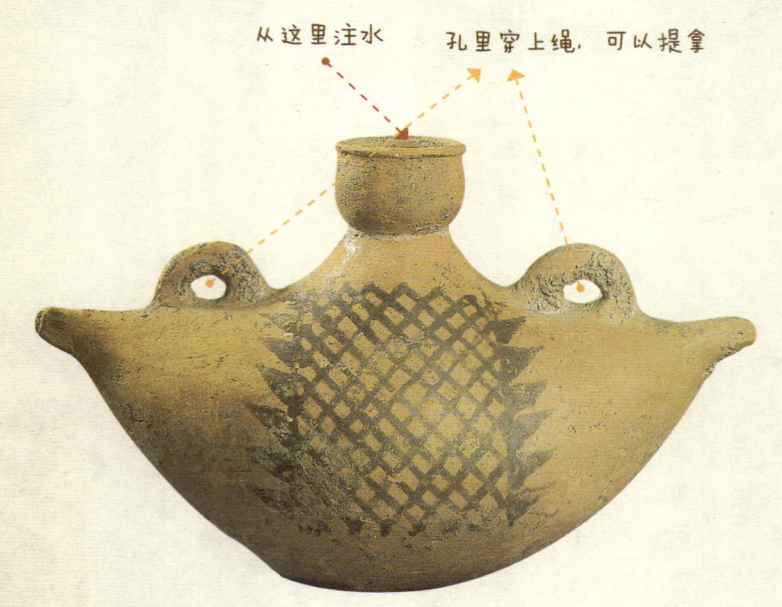

从这里注水　　孔里穿上绳，可以提拿

彩陶船型壶
这是用来盛水的壶，形状很像一只小船。
褐黑色的网纹，像不像渔网？小船加渔网，可以捕鱼了呢。

仰韶文化的彩陶纹饰中，动物图案比较多，如鱼纹、鸟纹、鹿纹、蛙纹等。其中，鱼纹最为常见。人面与鱼形组合在一起的纹饰，目前只见于仰韶文化，成为仰韶文化的一个典型标志。

彩陶人面鱼纹盆
陶盆的内壁，用黑彩描绘了一个人面，耳朵两侧有小鱼簇拥着，人面的头顶上有一个三角形，可能是发髻或者装饰，嘴巴两侧也有鱼形纹饰。在人面的前方，还有两条大鱼相互追逐。这些图案有什么含义，至今还是一个谜。

马家窑文化的彩陶，出现了大量以弧线、弧形和圆点组成的抽象动态图案，这些动态图案往往呈现出一种螺旋式的循环往复，很可能表达了先民们对于宇宙和生命最初的认识与体验。

弧线、弧形和圆点组成的各种抽象动态图案

彩陶盆

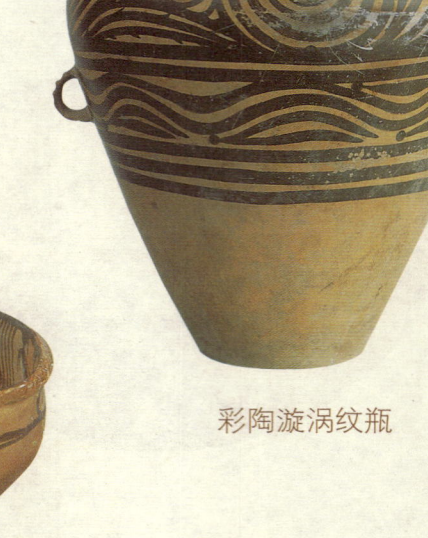

彩陶漩涡纹瓶

彩陶舞蹈纹盆

彩陶瓮

先秦

两耳可穿绳子

彩陶漩涡纹尖底瓶
这是一件很实用的汲水器具。将空瓶系上绳子，放入水中。由于瓶子上重下轻，重力作用会使瓶口自然向下，水便进入瓶内，水将要满时，重心下移，尖底瓶就会自动竖起，口部向上。

青铜器

铜是人类最早认识的金属之一。天然铜是红色的,被称作红铜。红铜的硬度较低,在红铜中加入锡、镍、铅等元素,就提高了它的硬度,这样生成的合金,人们把它叫作青铜,因为它的铜锈呈青绿色。用青铜为基本原料加工制成的器具,被称为青铜器。早在夏代,便已有了青铜制品。商代和周代的青铜器代表了中国古代青铜器的最高成就。

夏 镶嵌绿松石兽面纹铜牌
青铜铸成了主体框架,上面镶嵌了数百片绿松石,历经三四千年,这些绿松石竟无一脱落。青铜牌上的纹饰,很像兽面。人们推测它是当时沟通天地、宣扬教化的"神器"。

青铜器中，以礼器最为典型，考古发现的数量最多。这些青铜礼器，在祭祀祖先时，会摆放于宗庙，宴会时也会使用。有些青铜器上刻有记事耀功的铭文，是权力与地位的象征。青铜礼器一般又分为酒器、食器、水器、乐器、兵器五大类。

青铜酒器在商代最为盛行，因为商代人特别喜欢喝酒。青铜酒器种类很多，有盛酒用的、喝酒用的、温酒用的，名称也五花八门，如：爵、尊、觥[gōng]、觚[gū]、壶、卣[yǒu]、斝[jiǎ]、盉[hé]等。

尊：一种大中型盛酒器。

商 妇好鸮[xiāo]尊

商 龙虎尊
尊的肩部有三条龙，腹部雕的是虎，虎口中含有一个人头。

商 四羊方尊
它是现存商代青铜器中最大的方尊。

觚 [gū]：上部可以盛酒，中间细细的腹部一般铸为实心，这样的造型降低了重心，增强了稳定性。

商 四象觚 　　　　　西周 天觚

觥 [gōng]: 盛酒或饮酒器，有盖。

商 龙纹觥

卣 [yǒu]: 专门盛放鬯 [chàng] 酒，鬯酒比较珍贵。卣一般都有提梁。

提梁

先秦

西周 铜公卣　　　　　　商 铜鸮卣

斝 [jiǎ]：可以盛酒，也可温酒。

商 册方斝
该器物底部有铭文，只有一个字："册"，可能是器物主人的名或氏族徽号。

商 册方斝（局部）
两只鸟，鸟头向外，冠相连，做成拱形钮。

盉 [hé]：盛酒器，类似酒壶。

猴形钮

螭形提梁
螭是一种没有角的龙

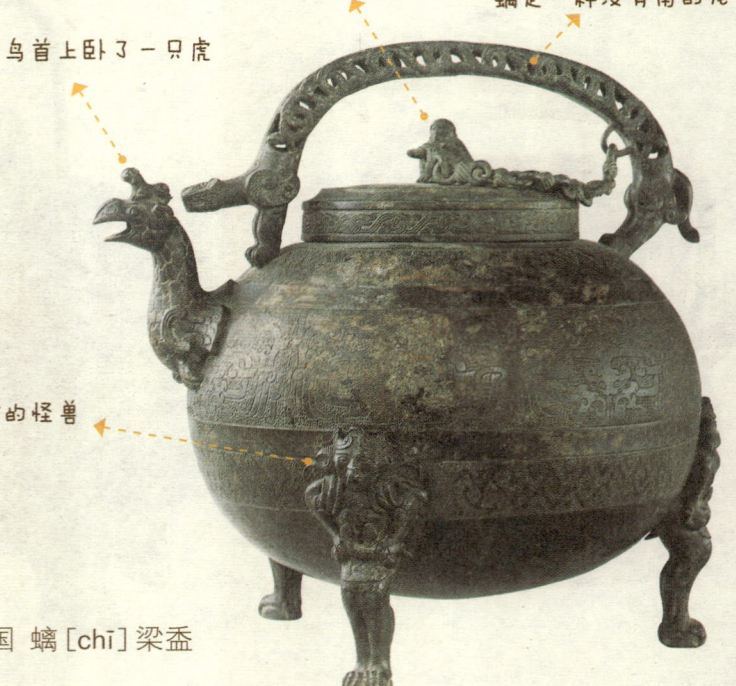

鸟首上卧了一只虎

人面鸟嘴的怪兽

战国 螭 [chī] 梁盉

用来烹煮和盛放食物的青铜器有鼎、鬲[lì]、甗[yǎn]、簋[guǐ]等。

<u>鼎：食器，一般用来在祭祀或宴会时烹煮肉食。鼎自商代早期一直沿用到两汉乃至魏晋，是使用时间最长的青铜器皿。另外，青铜鼎还是重要的礼器，它是先秦贵族等级制度的标志与权力的象征，用鼎的数目有严格规定。西周时期，天子用九鼎，诸侯用七鼎，卿大夫用五鼎，士用三鼎或一鼎。</u>

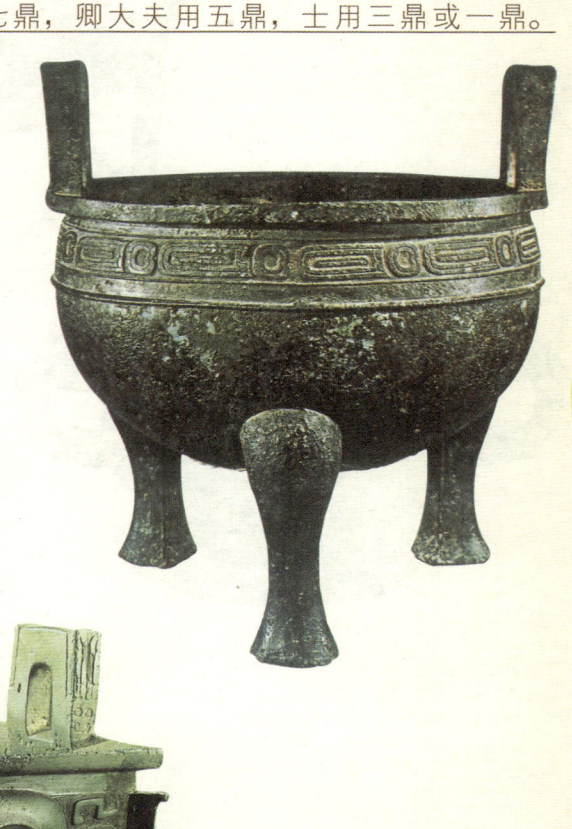

西周 毛公鼎

商 大禾人面铜方鼎

簋 [guǐ]：盛放食物的器具，相当于今天的饭碗。

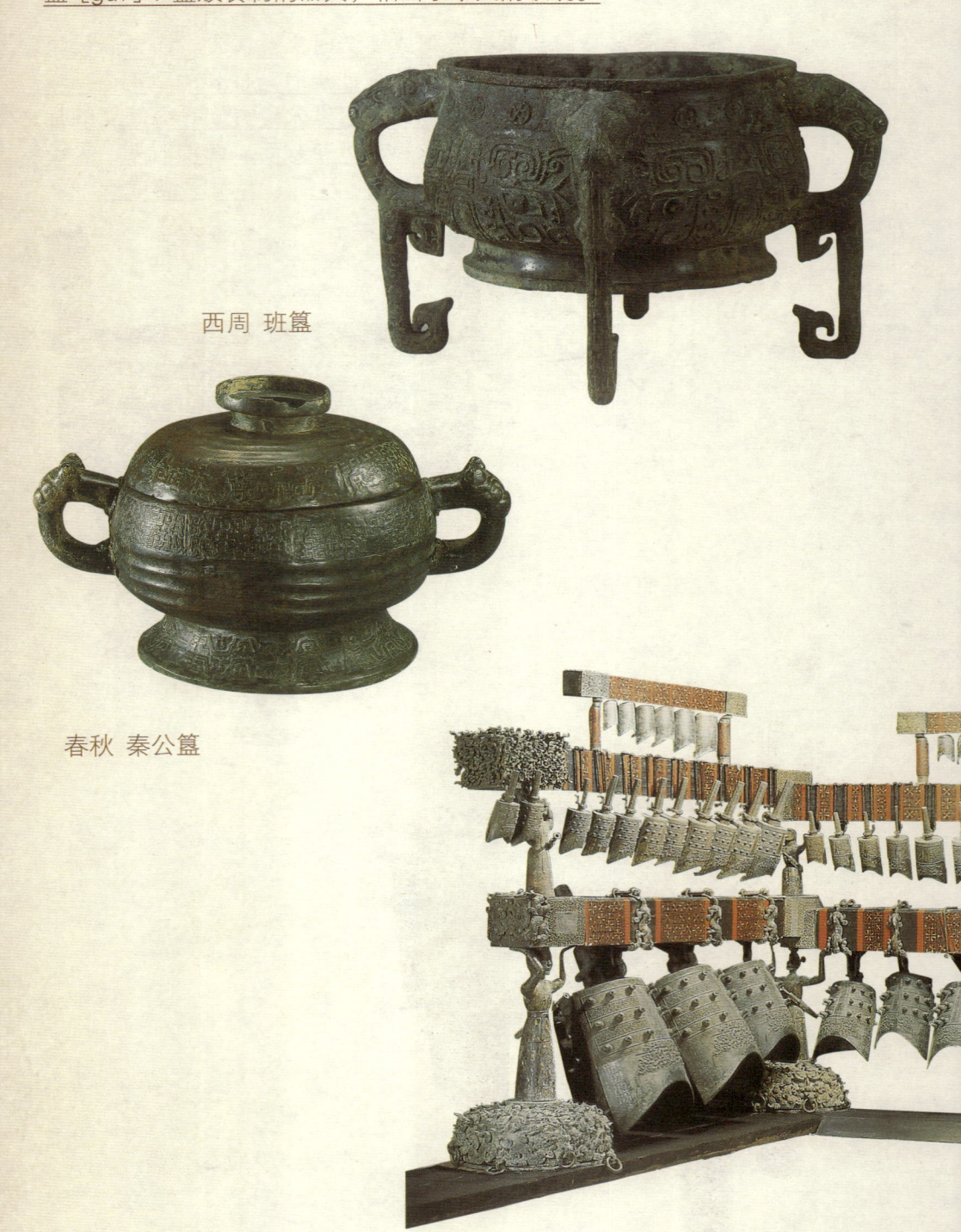

西周 班簋

春秋 秦公簋

青铜乐器一般为打击乐器，如钟、鼓、铙 [náo]、钲 [zhēng] 等。1978年，曾侯乙编钟出土，为我们呈现出了一座栩栩如生的战国音乐殿堂。编钟，是按形状大小依次悬挂在架子上的一系列铜钟，演奏者手持钟槌，根据音节的需要敲打不同的铜钟，形成节奏和旋律。

战国　曾侯乙编钟
曾国只是战国时南方一个极小的侯国，国君曾侯乙更是名不见经传，但曾侯乙墓却声名远播。原因是，在它的墓室里发现了迄今所见战国时代最为壮观的乐器，世称"曾侯乙编钟"。这套编钟演奏时大约需要22名乐工，他们之间需要密切配合才能产生出美妙的音乐。

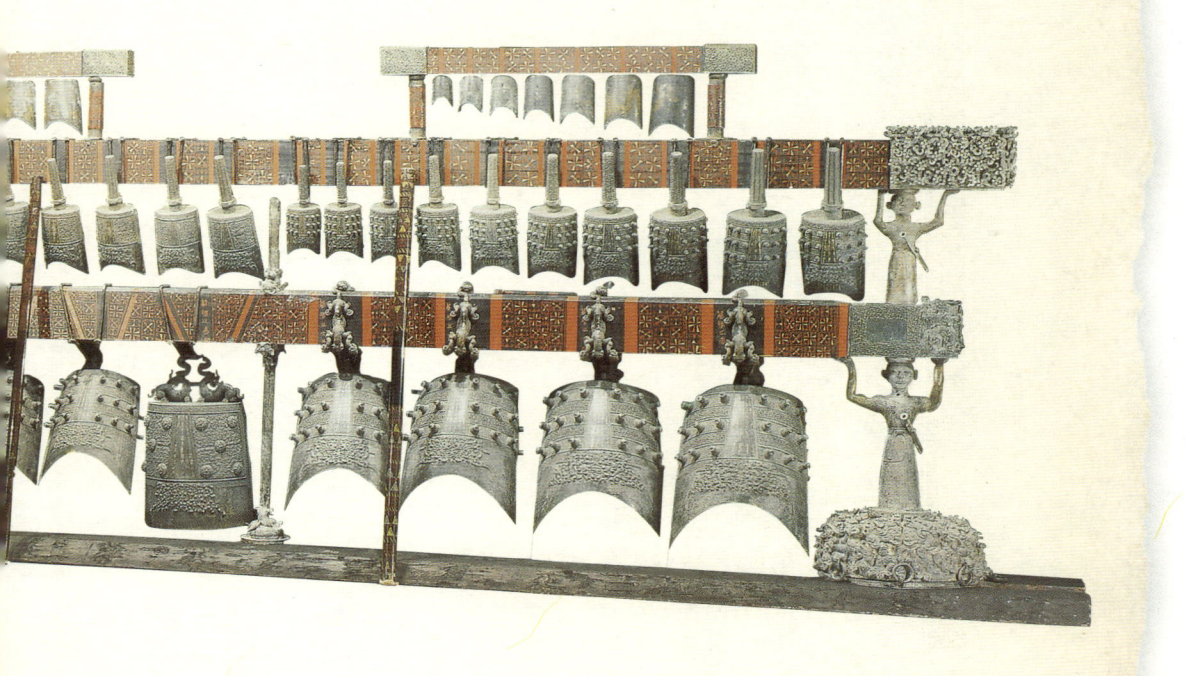

先秦

青铜兵器,主要用于仪仗队,如剑、戈、钺 [yuè] 等。

商 三孔有銎 [qióng] 钺

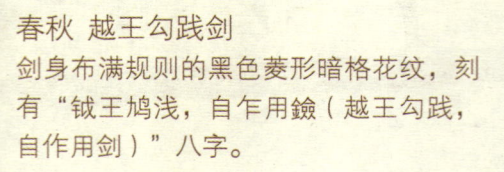

春秋 越王勾践剑
剑身布满规则的黑色菱形暗格花纹,刻有"钺王鸠浅,自乍用鐱(越王勾践,自作用剑)"八字。

玉器

玉文化，是中国传统文化的一个重要组成部分，人们用"宁为玉碎"来形容人的气节；以"化干戈为玉帛"表达崇尚和平的愿望；以"润泽以温"形容人的美好品质；以"瑕不掩瑜"形容人的忠直清正……考古发现表明，中国的制玉工艺可以追溯到距今七八千年前的新石器时代，以红山文化、良渚文化等遗址所发现的玉器最具代表性。

先秦

红山文化分布于内蒙古自治区东南部、辽宁西部与河北北部，因最早发现于内蒙古赤峰市的红山而得名。红山文化发现的玉器中，动物形玉器最为丰富，玉雕龙、玉鸮、玉龟等最具代表性。

红山文化 玉兽玦

良渚文化分布在太湖流域，因发现于杭州市余杭区良渚镇而得名。良渚文化的玉器中，最令人瞩目的是玉琮 [cóng]。

玉琮是中国上古时代祭祀时所用的重要礼器，通常由一个棱柱形的外轮廓和圆柱形的内轮廓结合而成，玉琮的外表可分成几节，每节都饰有相同的人面或兽面纹。

良渚文化　玉兽面纹琮

商代，贵族们将玉器看作身份与财富的象征，也把玉当作祭祀时珍贵的祭品。

商　玉斧 　　商　玉跪式人 　　商　玉凤 　　商　玉鹦鹉

周代，用于装饰、礼仪、丧葬的玉器大量增加，还出现了工艺十分复杂的玉饰品。玉文化成为周代礼乐文化的重要组成部分。玉不再仅仅象征权力或财富，还形成了"以玉比德"的观念，佩戴玉饰，不仅是装饰，还象征着美好的事物与品德。

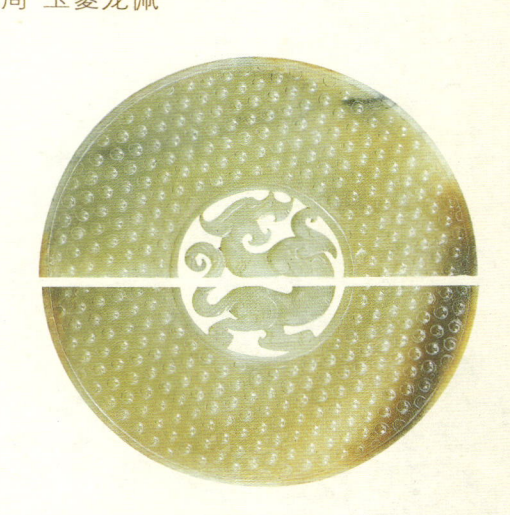

西周 玉鹰

西周 玉夔龙佩

先秦

战国 玉镂空螭虎纹合璧

战国 玉多节佩
由五块玉料制成。共26节，均由活环套接。解开可成五组，接起来就是一个。主体是蛇纹、龙纹和鸟纹。

书法：甲骨文与金文

　　中国古代的书法艺术源远流长，迄今可考的最早的成熟文字，叫作"甲骨文"。这种文字出现于商代。当时的宫廷贵族在遇到生、老、病、死和战争、灾害等重大事件时，都要在龟甲或兽骨上钻孔、灼烧，根据其碎裂的纹路进行占卜，再将占卜的目的和结果写在龟甲或兽骨上。商代甲骨文距今已三千多年，到清代末年才被人发现。由于是刻在甲骨片上，甲骨文的线条以直线为主，看上去锐利而挺拔。

商 祭祀狩猎涂朱牛骨刻辞

宰丰骨的独特之处在于其正面刻有花纹，并嵌有绿松石

商 宰丰骨刻辞

从艺术角度看，甲骨文笔法可看出粗细、轻重的变化，已具有了后世方块汉字的基本形体，结构匀称、稳定，初步奠定了汉字线条艺术的基础。中国书法的"三要素"——用笔、结体、章法——在甲骨文中也有所体现。

甲骨文的字形，有着强烈的象形特征，如"牛"字，就像从上往下看一头牛所得到的印象。"羊"字则突出了羊头上的弯角，"车"字突出了车轮……

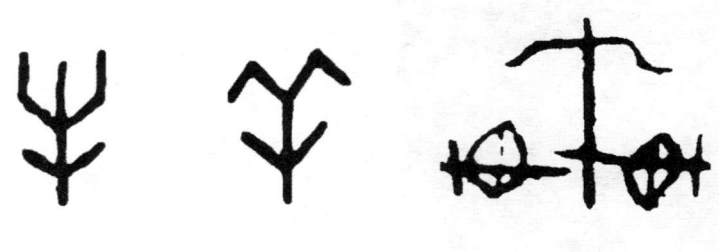

甲骨文"牛"　　甲骨文"羊"　　甲骨文"车"

由于处于汉字发展的早期阶段，甲骨文的很多字形并不固定，如"马"字就有很多种写法。

甲骨文"马"字的几种写法

如果说甲骨文奠定了中国书法的线条基础，那么金文（钟鼎文）则巩固了方块字的结构。金文是商代以来刻在或铸在青铜器上的文字，由于古人称"铜"为"金"，所以这种文字又被称为"金文"。同时，由于它多铸刻于钟、鼎上，故又称"钟鼎文"。

商周时期的金文，字形特点与甲骨文有了很大区别，最突出的变化是线条趋于饱满、婉转，同时，字形结构中的象形因素逐渐淡化，粗细、曲直等对比得到强化。周代的金文端正、稳定、和谐，具有肃穆井然的庙堂气息，是周代强调秩序之礼乐文化的产物。

周代最具代表性的金文，是"毛公鼎"的铭文。

西周 毛公鼎

毛公鼎是西周晚期毛公铸的青铜鼎，鼎内有 499 字的铭文，排列成 32 行，是青铜器铭文中字数最多的。毛公鼎铭文字呈长方形，笔意圆劲。记载了周王封赠毛公之事。

西周 毛公鼎铭文（拓片）

西周康王时期的大盂鼎铭文，是金文的另一典范。

西周 大盂鼎

大盂鼎铭文共291字，字形和布局都十分质朴平实，用笔方圆兼备，具有端严凝重的艺术效果。周王告诫一位叫"盂"的人，殷代以酗酒而亡，周代则忌酒而兴。周王命令盂一定要尽力地辅佐他，敬承文王、武王的德政。

西周 大盂鼎铭文（拓片）

漆器

从漆树上采割的胶状汁液，叫作生漆或大漆。生漆刚割下来时呈乳白色，接触空气后转为褐色。生漆可以保护木制品，不致腐朽。生漆工艺在我国有着几千年的传统。战国时的庄子就当过漆园吏（管理漆园的小官）。

将生漆涂在器物表面制成的器具，叫作漆器。中国是世界上最早使用漆器的国家。

河姆渡文化 朱漆木碗
七千多年前的朱漆木碗，是迄今所发现的最早漆器。看，颜色还很鲜艳呢。

战国 彩绘乐舞鸳鸯形漆盒

战国 彩绘木雕鸭形漆豆
豆是一种盛东西的容器，这件器物十分精巧，上面的盖是一只舒服地卧着休息的木雕鸭子。

先秦

战国 彩绘透雕漆座屏

"鼎"的问题

> 知道"鼎"吧？三足两耳的那种，博物馆里常见。

> 那个东西啊，知道，有的很大呢。

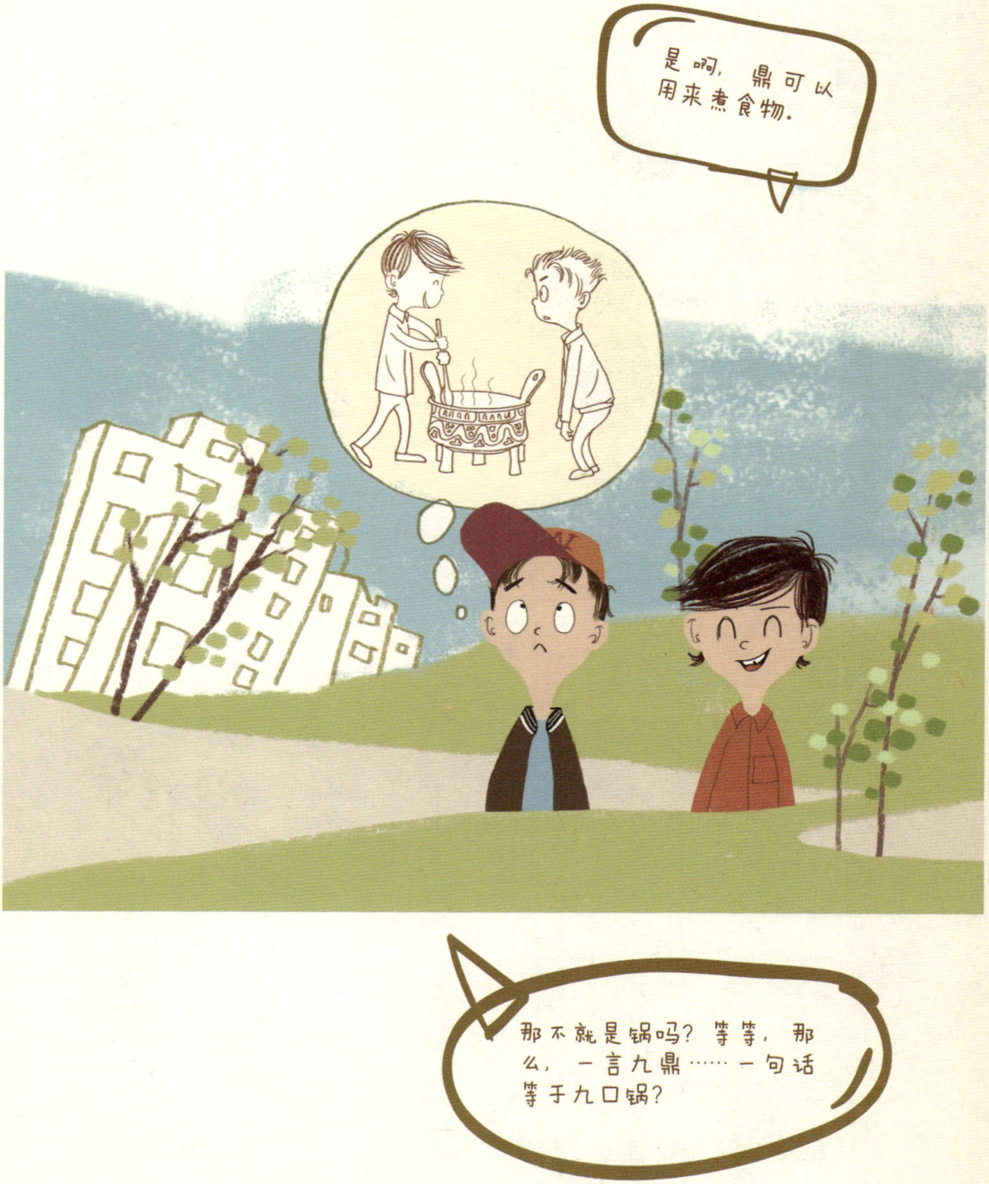

九口锅？你瞎想啥呢！鼎不光能加热食物，它还是古代礼器，具有象征意义。

什么象征意义？

就说这九鼎吧，传说，大禹将天下分为九州，又铸了九个大鼎来代表九州。这样，九鼎就象征国家。

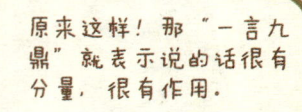

原来这样！那"一言九鼎"就表示说的话很有分量，很有作用。

先秦

> 是啊！表示说话有分量。"九鼎"是权力的象征。春秋时期，楚庄王向周天子的使臣打听九鼎的轻重，人们就认为他是要图谋周朝的天下。这个典故叫"问鼎"。

> 我明白了。所以建国定都，可以称"定鼎"。

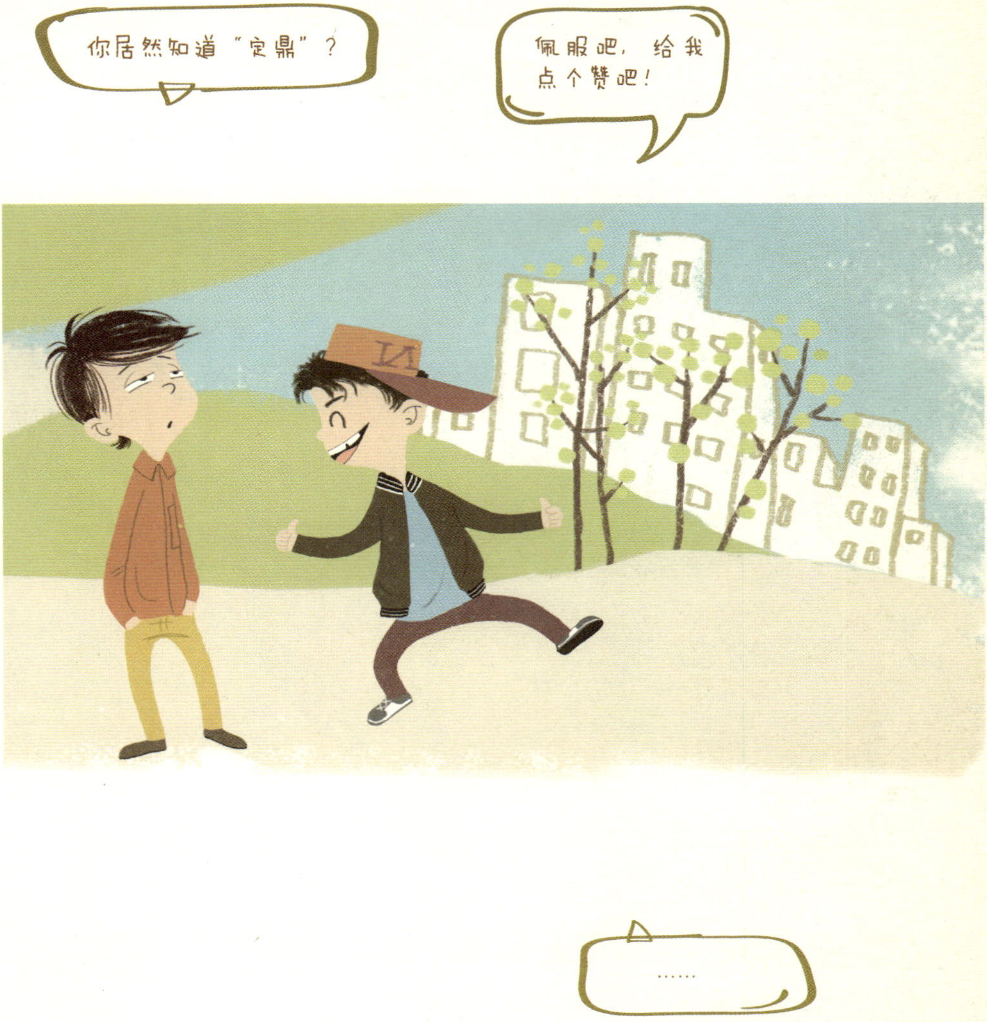
你居然知道“定鼎”？
佩服吧，给我点个赞吧！
……

秦汉
前 221 - 220

前221年，秦灭六国，实现了中国的统一，也标志着中华文化共同体基本形成。汉代分西汉与东汉两个时期，合称两汉。汉代创造了辉煌的文明。秦、汉是中华民族政治、经济、文化走向统一的时代，是一个开放与进取的时代。

艺术代表：雕塑 书法

艺术史判断：

这个时期的艺术虽缺少细节的关照而多少显得有些幼稚、粗糙和笨拙，却往往有着恢宏壮丽的表现形式，体现出强健进取的勃勃生机，具有纵横捭阖、沉雄豪放的大美气象。

雕塑

新石器时代的先民们已经创造出大量以陶、玉、石、骨等为材质的动物及人形雕塑。到秦代，雕塑技艺继续发展，秦始皇陵墓中的兵马俑，是其重要代表。汉代，雕塑种类增多，神态更为生动，既有石雕、陶土雕像、青铜雕像，还有声名远播的画像石、画像砖。

秦始皇陵兵马俑

商代盛行用人陪葬，到战国时，这一残忍的制度被废除了，改用木制或陶制的"俑"来代替人。"俑"后来就逐渐成为墓葬中陪葬偶人的专有名词。制作这些偶人的材质很多，有木、石、泥土、青铜等。最常见的是木头做的木俑和泥土烧制的陶俑。秦始皇陵兵马俑就是以陶俑代人殉葬的典型。

秦能够统一中国，主要凭借它的军事优势。秦始皇死后，他的陵墓中就以大量的兵马俑作为陪葬。那些威武雄壮的军阵、栩栩如生的武士俑、活灵活现的战马，展现的也正是秦王朝强大的军事武装力量。今天，秦俑坑不仅被看作秦军的缩影，还被认为是世界上最大的地下军事博物馆。

秦 秦始皇陵兵马俑一号坑
秦始皇陵的俑坑共有三处。一号坑最大，长230米，宽62米，坑中排满了6000多个步兵、弩兵、骑兵和战车俑。

　　秦俑的平均身高在180厘米以上，最高的可达190厘米。每个俑都是单独制作的，头和手单独制成，再拼到身体上，腿部实心，躯体空心，制成后，表面涂抹上细泥，形成皮肤。其中有高大魁梧的将军，有威武刚毅的军吏，更多的则是神情各异的士兵，喜怒哀乐、神情各异，千人千面，个个不同，被认为是秦军将士的真实写照。

秦 武士俑

秦 军吏俑

秦 将军俑

秦汉

秦 跪射武士俑

秦 立射武士俑

每件秦俑从身体结构，到头发眉毛，都精雕细刻。保存良好的秦俑是彩色的，面部轮廓清晰，眼睛的黑白眼珠都描绘得很清楚。观看秦始皇兵马俑，几乎就是在近距离地观看当年的秦国军队。

沈从文的《中国古代服饰研究》中临摹了秦兵马俑的发型，请看，秦国男子的发型很丰富啊。

秦兵俑发式图

秦始皇陵墓中出土了两辆大型青铜车马。直到今天，铜车马上的各种链条仍能灵活转动，门窗开合自如，可以行驶，体现了两千多年前精湛的青铜制作工艺水平，所以被称为"青铜之冠"。

今天，秦始皇陵兵马俑已被联合国教科文组织宣布为世界文化遗产，而秦始皇兵马俑博物馆也成为世界上最大的遗址博物馆。

秦 秦始皇陵青铜车马
铜车马，约相当于真实车马的二分之一。车马的各个部件，先分别铸造成型，然后采用嵌铸、焊接、粘接、铆接、子母扣等多种机械连接工艺组装为一体。

秦汉

霍去病墓前石雕

　　霍去病是汉代名将。汉武帝时，霍去病在祁连山一带力克匈奴，立下赫赫战功。他去世时年仅 24 岁。汉武帝为了纪念他，仿照祁连山的样子为他修建了巨大的墓冢，又在墓地上制作摆放了各种人兽石雕。现在还存有石雕 16 件。这些石雕借用了石头的天然形态，只是稍加雕琢以求神似，花岗岩坚硬粗砺的质地与石雕古拙朴厚的风格完美地结合在一起，浑然天成，体现出气魄深沉雄大的汉代风范。

汉　霍去病墓石雕　立马

汉 霍去病墓石雕 伏虎

秦汉

汉 霍去病墓石雕 跃马
这是一匹奔驰中的战马。高昂的马头、警觉的双目、行将伸展的前腿……雕塑捕捉到了跃马奔驰的瞬间动势和勇猛无惧的内在精神。

"中华第一灯"

　　河北省满城县，西汉中山靖王刘胜的妻子窦绾[wǎn]的墓中，出土了一盏青铜宫灯。专家考证，这盏灯曾放于窦太后（刘胜祖母）的长信宫内，故名"长信宫灯"。这盏"长信宫灯"制作工艺精美绝伦，艺术构思巧妙独特，被誉为中国工艺美术品中的巅峰之作，有"中华第一灯"的美称。

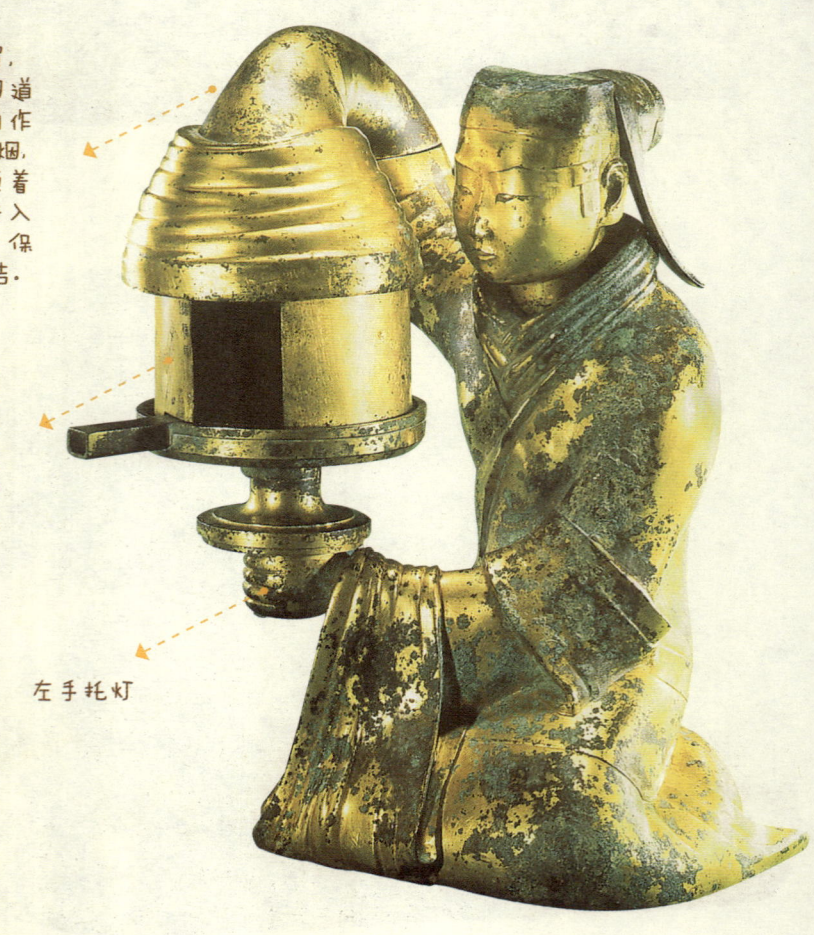

右手提着灯罩，右臂与灯的烟道相通，以手袖作为虹管吸收油烟，使油烟可以顺着宫女的袖管进入体内，有利于保持室内空气清洁。

灯罩由两块弧形的瓦状铜板组成，合拢后为圆形，可以左右开合，便于调节灯光的亮度和方向。

左手托灯

汉 长信宫灯
宫灯的灯体造型，是一个通体鎏金、跪坐、神态恬静的宫女。宫女体中是空的，头部和右臂可以拆卸。

可爱的说唱俑

在墓葬中，有各种各样的俑。说唱俑是汉代陶俑里最具欢乐气息的。出土于四川省成都天回山崖墓的"击鼓说唱俑"，最为知名。

汉 击鼓说唱俑
这位表演说唱的艺人，裹着头巾，赤膊光脚，左臂环抱圆鼓，右手高扬鼓槌，表情夸张，诙谐生动。连他额上的皱纹，也如同快乐的水波，让人忍不住要随他笑出声来。

秦汉

汉 击鼓说唱俑

勇猛的马

马是中国古代作战、运输、通信最为迅速有效的工具,因此中国人喜爱骏马,将马与龙并称,称"龙马精神"。而在汉代,强大的骑兵还是反击外敌入侵、保卫国家安定的重要军事条件,骏马成为民族尊严、国力强盛、英雄业绩的象征。汉代人对马的喜爱远超前代,马的雕塑,数量众多。

秦代的陶马往往头大、身长、肢短。汉代雕塑中的马,大多头呈方形,身短颈长,胸廓发达,腿蹄线条遒劲流利。

汉 鎏金铜马
这是汉墓中出土的青铜马,马的表面用特殊的工艺涂了一层黄金,称"鎏[liú]金"。铜马马口微张,双耳直竖,马体匀称,筋强骨健。

汉 陶马

秦汉

汉 铜奔马

画像石

在汉代的地下墓室以及墓地的祠堂等建筑中，人们发现了很多雕刻有图像的石头，这些石头不光用于建造墓室，石头上的图像还用来为死者服务。汉代人相信，人死以后，就到了另外一个世界，在那个世界中，他们希望还能像以前那样生活，于是，就将墓室建得大大的，各种生活用品俱全，还要在墓室中雕刻上生前的各种场景。举世闻名的汉画像石、画像砖就是在这样的背景下产生的。

汉画像石（砖）上雕刻的内容十分丰富。有的描绘车骑出行、迎宾拜谒、庖厨宴饮、乐舞杂技、射御比武等场景；有的描绘贤君明臣、武功爵勋、贞节烈女、刺客侠士等历史人物；有的刻画青龙、白虎、朱雀、玄武、西王母、东王公、九尾狐、人头蛇身的伏羲和女娲等千奇百怪的神灵，题材十分广泛。人们从画像石上，几乎可以看到汉代生活的方方面面。这些石刻的风格十分朴拙，具有很高的艺术价值。

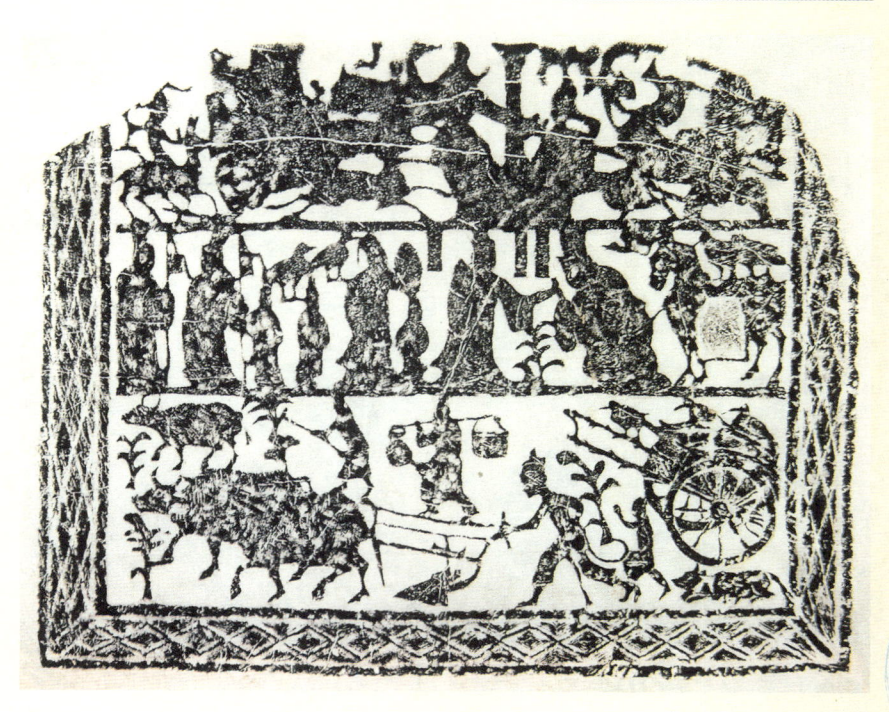

汉 牛耕画像石

汉 水陆攻战画像石

汉 伏羲女娲画像石

汉 宴饮画像砖

书法

汉代书法，主要有小篆、隶书与章草，最具代表性的是隶书。隶书是汉代人最常用的字体。汉代是一个大帝国，疆域广大，行政命令多，秦代的篆书写起来比较麻烦，人们为了方便简省，就将篆字的笔画由繁改简，字形由圆变方，逐渐就演化为了隶书。成熟的汉隶水平线条飞扬律动，结构上下紧凑、左右舒展，呈现出雍容典雅的风格。

在山东曲阜孔庙中，有三座汉代立的碑，碑文用隶书书写，是汉隶的范本。这三座碑是：乙瑛碑、礼器碑、史晨碑，并称"孔庙三碑"，历来受到书法家的重视。

汉 乙瑛碑（局部）
东汉立，碑高3.6米。隶书共18行，每行40字。记载的是鲁相乙瑛代表孔子的后人上书朝廷，请求设置一名官吏，专门执掌孔庙礼器和庙祀之事。

汉 礼器碑（局部）
东汉立。碑高1.5米。碑文记述了鲁相韩敕修整孔庙、增置各种礼器之事。
礼器碑的隶书精妙峻逸，以方笔为主，凝整沉着。

汉 史晨碑（局部）
东汉立，高2米多。碑文主要是鲁相史晨与长史李谦奏请祭祀孔子的奏章。隶书端庄典雅，行笔圆浑淳厚，笔势中敛，是当时东汉官方书体的典型。

"马踏飞燕"

秦汉

1

汉代艺术中,马的形象可真多啊!青铜马、石雕马、陶马、汉画像石中的马……

我知道,我知道,最著名的是"马踏飞燕"。

2

其实吧,这雕像本来没名字,是郭沫若先生将它命名为"马踏飞燕"的。

马雕得很像,燕子,那真是燕子吗?

5

还有人叫它"马踏匈奴"！

啊？到底是什么啊，彻底凌乱了！

秦汉

4

还有人说是乌鸦。

乌鸦？

3

不太确定，有好多看法，有人说是云雀，有人说是飞鹰……

云雀？飞鹰？

魏晋南北朝
220-589

这三百六十多年，是中国历史上公认的乱世，社会动荡，但思想文化领域却极为活跃，异彩纷呈。汉代一直兴盛的儒学衰微，佛教、道教都在这个时期真正进入了中国人的生活。

艺术代表：雕塑 书法 绘画

艺术史判断：

魏晋南北朝是一个艺术自觉的时代，一个以美为追求、极具魅力的时代。诗赋书画等体现士人修养的技艺在魏晋时期得到了社会的普遍重视，士大夫阶层从事绘画和书法者众多。另外，佛教艺术兴盛，既丰富了艺术题材，还带来了异国的艺术技法；书法则充分表达书写者的个性，体现出人们对于精神自由的追求；绘画中，人物画开始形成"以形写神"的特色。

雕塑

魏晋以来，佛教发展很快，信佛的人很多，佛教造像就流行起来。尤其是南北朝时期，佛教造像进入了繁荣时期，是雕塑艺术的代表。

佛教造像大都在石窟中。工匠们依山崖开掘出一些岩洞，这称为"石窟"。石窟内既可做寺院，也可做僧房，还雕刻有大小不等的佛像。古代的善男信女们相信，出资开凿石窟、为佛造像，可以积累自己的功德。今天，我们还能看到许许多多那个时代留存下来的佛教造像。最知名的是山西大同云冈石窟和甘肃天水麦积山石窟。

此外被称为"世纪现存最大的佛教艺术宝库"的敦煌莫高窟，此时也处于快速发展阶段。此地石质较粗，雕刻佛像难度大，因此佛教造像以彩塑为主，风格多变。

魏晋南北朝

魏晋南北朝时期的佛教造像，既有佛教源头印度的特征，又自然带上了汉民族的理念。比如云冈石窟的佛像大都躯体健壮、面相丰满、鼻梁高隆、耳垂宽大，带有比较明显的异族特征，但圆胖的脸型就是汉族人特有的了。

北魏 云冈石窟 立佛（局部）
大佛宝相庄严、耳垂宽大。

魏晋南北朝

北魏 云冈石窟 菩萨
菩萨下身穿长裙，右手托宝珠，左手提净瓶。

北魏 云冈石窟 伎乐天
这是早期的飞天,不是曼妙的女子,而是一个胖胖的孩童,口吹横笛。没有后世翻飞的飘带,但颇具稚拙之风。

自北魏开始,佛像不再那么庄严,面容渐渐和蔼生动起来,有了更多的尘世烟火之气。麦积山石窟就是这一特征的代表。冰冷的石头有了人世的温度。

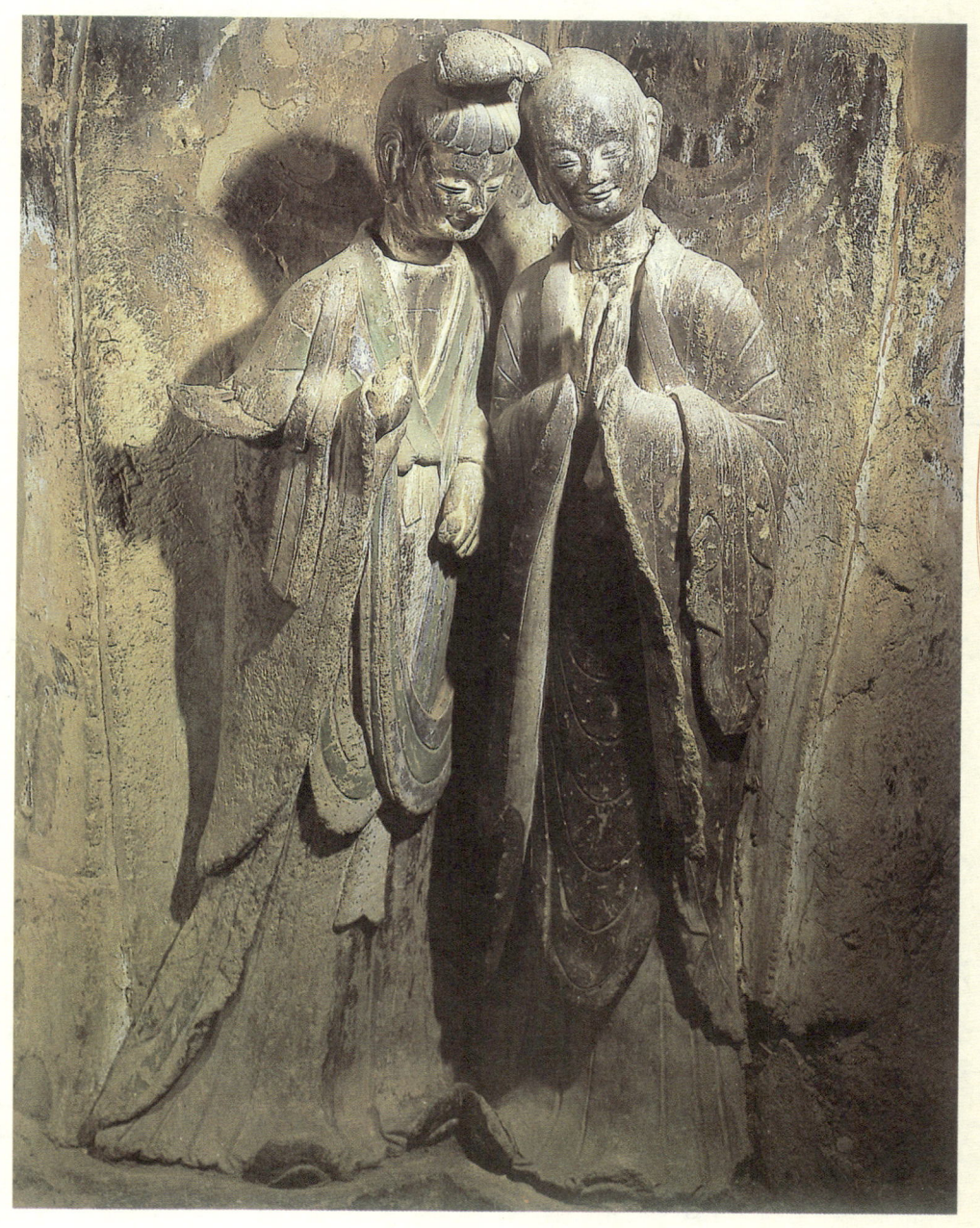

魏晋南北朝

北魏　麦积山石窟　菩萨与弟子
菩萨微微俯身向前,弟子恭敬地侧耳倾听。

北魏 麦积山石窟 菩萨（局部）
这尊菩萨微微含笑，像邻家姐姐一样亲切可人。

魏晋南北朝

西魏 麦积山石窟 阿难

阿难是佛的弟子。他记忆力超强，佛的演说教诲，他都能立刻记诵。看，这尊雕像塑造的正是这样一个聪明的少年形象。

西魏 敦煌莫高窟弥勒佛（局部）

北魏 敦煌莫高窟菩萨（局部）

魏晋南北朝

书法

晋代，上自皇室贵族，下至平民百姓，几乎无人不好书法。卫氏、索氏、陆氏、郗氏、庾氏、谢氏、王氏等望族更是名家辈出。"晋字"也因此得与唐诗、宋词等并列为中国艺术史上的丰碑。

南北朝时期，书法出现了南北风格的差异。北朝以碑刻书法为主体，南方以纸本书法为主体。南朝书法家均为当时名士，北朝则多为民间无名书家。南方楷书、行书、草书并称，以行书成就最高；北方则是魏碑独步，楷书为尊。

"天下第一行书"《兰亭序》

晋穆帝永和九年（353年）三月三日，王羲之和他的一些朋友，宴集于会稽山阴的兰亭（今浙江绍兴西南兰渚），行修禊之礼。古人每年三月初三，要到水边游玩，以求消除灾凶，这称为修禊。王羲之的这次游玩，友朋众多，十分尽兴。朋友们置身茂林修竹之中，列坐于水流之旁，将酒杯置于清流之上，任其漂流，停在谁的面前，谁就要即兴赋诗。大家把写成的37首诗汇集在一起，公推王羲之作序。此时惠风和畅，王羲之酒酣耳热之际，文思喷涌，自然之美与人情之美绝妙地交融在一起，于是一气呵成《兰亭序》。

《兰亭序》写成后，王羲之自己也十分得意，后来又写过十余遍，但都不及原作。这幅行书遂成为王家的传家之宝，传到七世孙智永禅师，还专门

晋　王羲之　兰亭序（神龙本）
因卷首有唐中宗李显神龙年号小印，所以又称"神龙本"，现藏北京故宫博物院。

魏晋南北朝

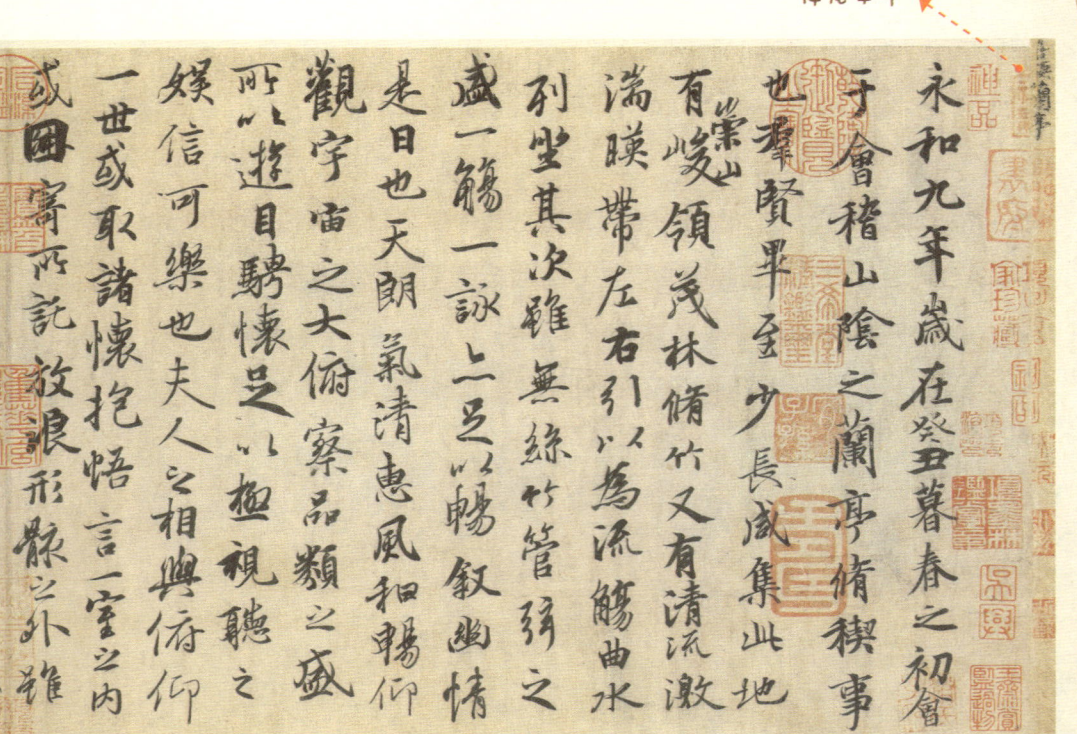

修造了贮藏《兰亭序》的阁楼。智永临终，传给弟子辩才，辩才将之藏于房梁之中，这时已是唐代初年。唐太宗李世民酷爱王羲之书法，不惜重金购求王氏真迹。御史萧翼遂装扮成一个穷书生，骗得了辩才的信任，盗走了《兰亭序》。唐太宗得到《兰亭序》后，曾令当时身边的侍臣、书法高手冯承素等人用揭的方式复制了数本，赐给了太子和诸王。唐太宗还亲自为《晋书》撰写《王羲之传论》，称王羲之的书法是"尽善尽美"。唐太宗临终时，遗命将《兰亭序》真迹殉葬，《兰亭序》真迹从此沉埋地下。今天我们看到的《兰亭序》，最好的本子也只是冯承素的摹本了。

《兰亭序》：

永和九年，岁在癸丑，暮春之初，会于会稽山阴之兰亭，修禊事也。群贤毕至，少长咸集。此地有崇山峻岭，茂林修竹，又有清流激湍，映带左右。引以为流觞曲水，列坐其次，虽无丝竹管弦之盛，一觞一咏，亦足以畅叙幽情。是日也，天朗气清，惠风和畅。仰观宇宙之大，俯察品类之盛，所以游目骋怀，足以极视听之娱，信可乐也。夫人之相与，俯仰一世。或取诸怀抱，悟言一室之内；或因寄所托，放浪形骸之外。虽趣舍万殊，静躁不同，当其欣于所遇，暂得于己，快然自足，不知老之将至；及其所之既倦，情随事迁，感慨系之矣。向之所欣，俯仰之间，已为陈迹，犹不能不以之兴怀，况修短随化，终期于尽！古人云，死生亦大矣。岂不痛哉！每览昔人兴感之由，若合一契，未尝不临文嗟悼，不能喻之于怀。固知一死生为虚诞，齐彭殇为妄作。后之视今，亦犹今之视昔。悲夫！故列叙时人，录其所述。虽世殊事异，所以兴怀，其致一也。后之览者，亦将有感于斯文。

王珣《伯远帖》

王珣是王羲之的族侄。《伯远帖》是王珣写的一封书信。王氏家族世代擅书，名家辈出，王羲之虽为垂范百代的"书圣"，但他的作品并无真迹传世，只以临本、摹本或刻本的形式流传，只有王珣的这一封短笺留存人间，使得人们可以看到王氏家族行草书的精微之处。

《伯远帖》：珣顿首顿首，伯远胜业情期，群从之宝。自以羸患，志在优游。始获此出，意不克申。分别如昨，永为畴古。远隔岭峤，不相瞻临。

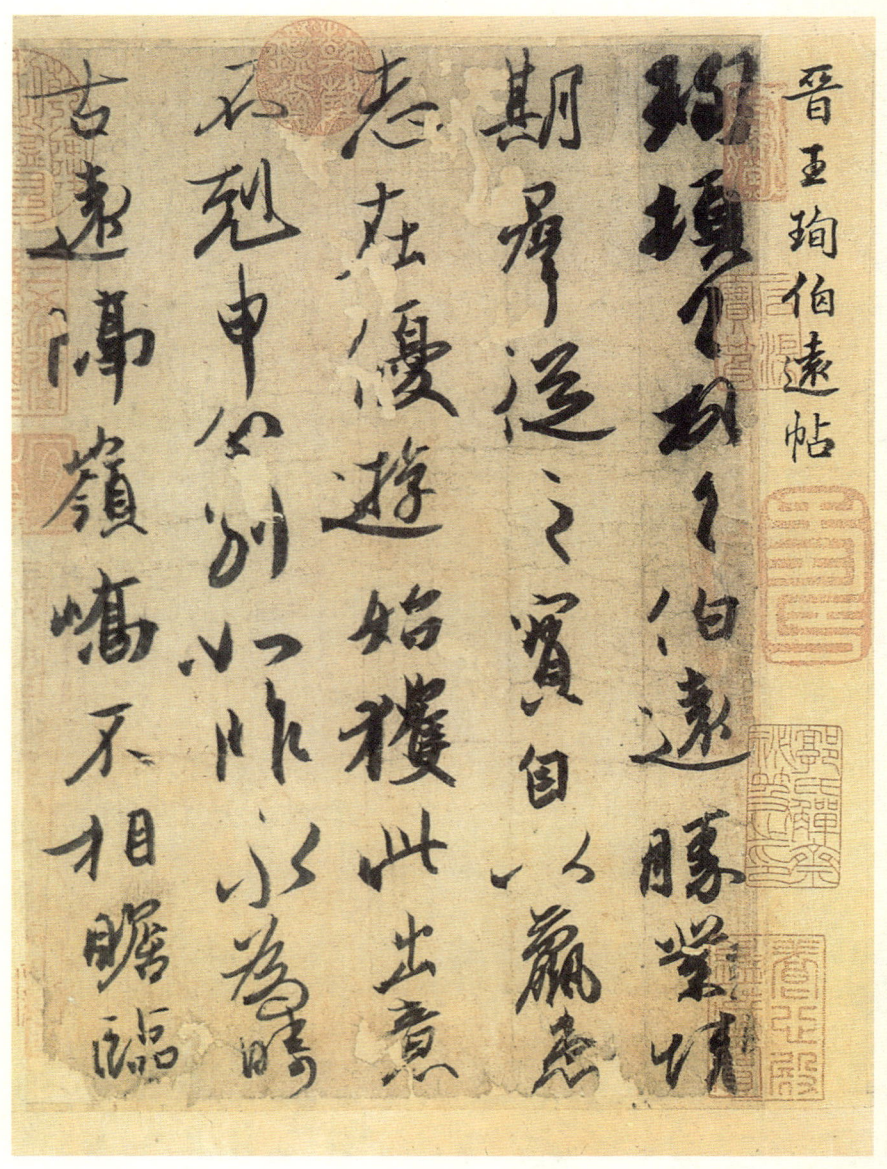

晋 王珣 伯远帖
这封信共5行、47字。行草的笔法遒劲挺拔、结体谨严。

魏碑

　　魏碑统指北朝的碑刻。北朝各个王朝中，北魏立国时间最长，立碑之风也最盛，故遂将北朝碑刻统称为"魏碑"。魏碑数量众多，分布也很广，遍及山东、河南、辽宁等省份。

　　魏碑的字体属于楷书，但别具风格。晋楷、唐楷的书写大都在纸上进行，魏碑则全部刻在石头上，笔画便也因此具有了刀劈斧斫、钢打铁铸的特点。总体来讲，魏碑行笔迅起疾收，横竖有力，字锋突出，撇、捺都有较重的停顿。魏碑具有自然天成的气度与雄奇朴质的阳刚之美，充满生机却又古意盎然。

　　魏碑这种书体为世人所欣赏，始自清代。清朝前期，金石文字学兴起，人们发现了大量南北朝碑刻。阮元、包世臣、康有为等当时的知名人士大力提倡魏碑，魏碑的价值才越来越得到重视。

魏晋南北朝

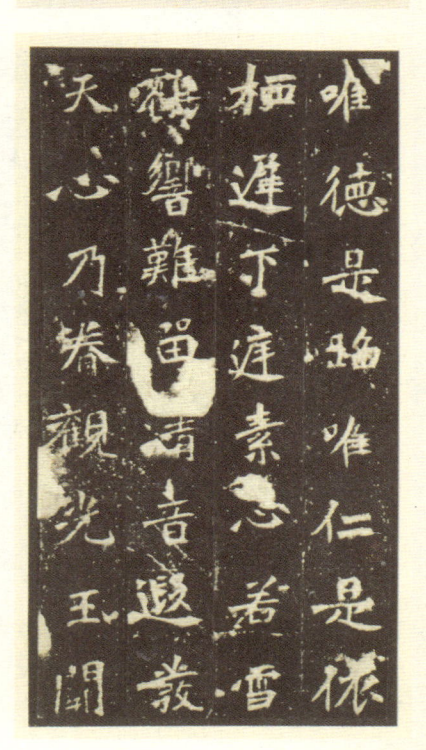

北魏 张猛龙碑

北魏孝文帝开凿了洛阳龙门石窟。在为佛教造像的同时，善男信女们还镌刻了很多记载造像始末的"造像记"。北魏的造像记有两千余块，称得上是魏碑之林。《始平公造像记》是其中的代表。

北魏 始平公造像记
此记出于无名书家之手，所受束缚甚少，粗犷率性，富有变化。点画如同刀削，字体笔划以方为主，骨力雄强，与北方游牧民族强悍豪迈的性格十分贴合，呈现出剽悍英武的艺术特色。

北朝的摩崖刻石也是魏碑的代表。摩崖刻石是在山体的巨石上直接镌刻。郑文公碑就是摩崖刻石的代表。

北魏 郑道昭 郑文公碑（局部）

"光州刺史，父官子宠，才德相承，海内敬其（荣也）。"
郑文公碑分为上下两碑，上碑在山东省平度市附近的天柱山上，刻在半山腰的一块天然巨石之上。下碑在山东掖县云峰山上。两碑的书写者是北魏著名书法家郑道昭，碑文记述了其父郑羲的生平事迹和著述。因郑羲的谥号为郑文公，故称为"郑文公碑"。该碑用笔，既有由篆法而来的圆笔特征，又有隶书独有的方折感受，方圆交替，在楷体中融合篆隶之意。

绘画

中国的人物画出现在汉代以前，但真正兴起并对后世产生重要影响是在魏晋。这一时期的集大成者为东晋顾恺之。他的人物画真正形成了充分体现中国文化精髓的"以形写神"特征。

顾恺之的画作真迹没有留下来，今天存世的作品，都是唐宋人的临摹本。主要有《女史箴图卷》《洛神赋图卷》《列女仁智图卷》《斫琴图卷》等。

顾恺之的人物画特别注意表现人物的特点，他认为"传神写照正在阿睹中"，"阿睹"是眼睛的意思，此话是说，最能传达人物精神的是眼睛。

《女史箴图》依据西晋张华《女史箴》一文而作。"女史"是女官名，"箴"是规劝、劝诫的意思。西晋惠帝时，贾皇后掌握朝权，贾氏为人狠毒、多权诈，荒淫放纵，朝中大臣张华便收集了历史上先贤圣女的事迹写成了《女史箴》，全篇文章以女史的口气来规劝和教育宫廷中的妇女要遵循德行规范。顾恺之就依据这篇文章画了《女史箴图》。文章有十二段，画作也分为了十二段，现存九段。每段在画侧题写箴文（第一段除外），每段画面都以女性形象为主体，形象地揭示箴文的含义，类似于今天的连环画。

晋 顾恺之 女史箴图

《女史箴图》的每段画面都相对独立，但又通过题款及人物服饰的处理等手法，使段与段之间形成一种内在的联系，构成一个有机整体。在人物的勾画上，顾恺之将线描技法推向了极致。《女史箴图》中的线条循环婉转，匀净优美，表现力明显增强。女史们均着下摆飘摇宽大的衣裙，每款衣裙又配之以形态各异、颜色艳丽的飘带，使人物显得修长婀娜、飘飘欲仙，雍容华贵。在绘画技法上，均以细线勾勒，只在头发、裙边或飘带等处施以鲜艳的颜色，使得整个画面亮了起来，同时，画中人物也被衬托得神态宛然。全图几乎没有背景，通过人物的动作神情来展现气氛。

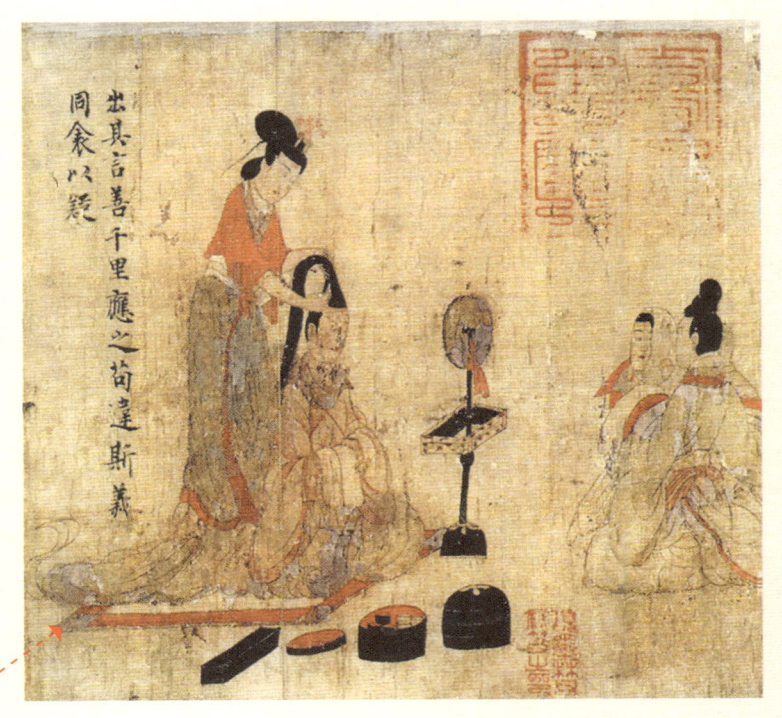

晋 顾恺之 女史箴图（局部）

魏晋南北朝

晋 顾恺之 女史箴图（局部）——冯婕妤挡熊

这是《女史箴图》现存九段中的第一段，画的是"冯婕妤挡熊"的故事。一天，汉元帝带领嫔妃们去御花园观赏斗兽，忽然，一只黑熊跑出来直扑汉元帝，周围的嫔妃吓得四散躲逃，只有冯婕妤挺身而出，勇敢地挡在汉元帝身前，拦住了黑熊。这时，旁边的武士顺势将黑熊杀死。

画面上，黑熊向汉元帝扑来，元帝正欲拔剑，侍卫有的退缩，有的上前，宫女回身奔逃，只有冯婕妤挺身而出，护卫元帝，场面的紧张通过人物各自的神情动作很贴切地表现了出来，充分体现了顾恺之重特征的绘画理念。

晋 顾恺之 女史箴图（局部）

《洛神赋图》

曹植有一名篇《洛神赋》，顾恺之根据它绘成了《洛神赋图》。

传说伏羲氏有个小女儿，名叫宓妃，溺死于洛水，被人们尊奉为洛水女神——洛神。曹植的《洛神赋》，描述的是自己在洛水遇见洛神，对她一见钟情，最终却因为人神有别、不得不分离的凄美故事。

魏晋南北朝

晋 顾恺之 洛神赋图
曹植在《洛神赋》中用"翩若惊鸿，婉若游龙"形容洛神轻盈曼妙的体态，顾恺之在画中将鸿雁与游龙都作为衬托洛神的背景画了出来，使画作具有了强烈的神话气氛和浪漫主义色彩。

晋 顾恺之 洛神赋图（局部）

晋 顾恺之 洛神赋图（局部）

魏晋南北朝

晋 顾恺之 洛神赋图（局部）

顾恺之用笔细劲古朴，细致地描绘出洛神的神态、服饰和动作，表现出洛神凌波微步的美丽身姿。

"三希"

看，我爷爷让我帮他买的书，《三希堂法帖》！

喔……好精美的字帖啊！这个叫三希堂的人可真了不起。

魏晋南北朝

哈哈哈，"三希堂"不是人名，是乾隆皇帝的书房。

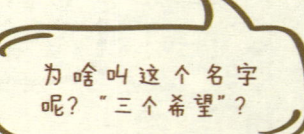

为啥叫这个名字呢？"三个希望"？

你真能瞎猜！乾隆的书房里，有三件稀世墨宝，都是晋代的，是王羲之的《快雪时晴帖》、王献之的《中秋帖》和王珣的《伯远帖》，所以就叫三希堂了。

魏晋南北朝

噢，是三件宝贝啊。这本《三希堂法帖》就这三件东西吗？怎么这么重？

> 当然不是只这三件，有好多好多书法作品呢，都是乾隆珍藏的，"三希"是代表。

> ……

> 原来这样啊！我也要给我的房间起个名字……我家有什么宝贝呢？对了，两只博美犬……哈哈，就叫"二犬堂"，怎么样？

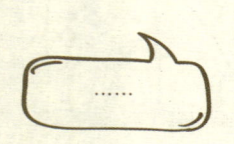

隋唐
581-907

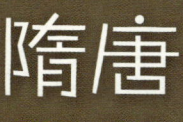

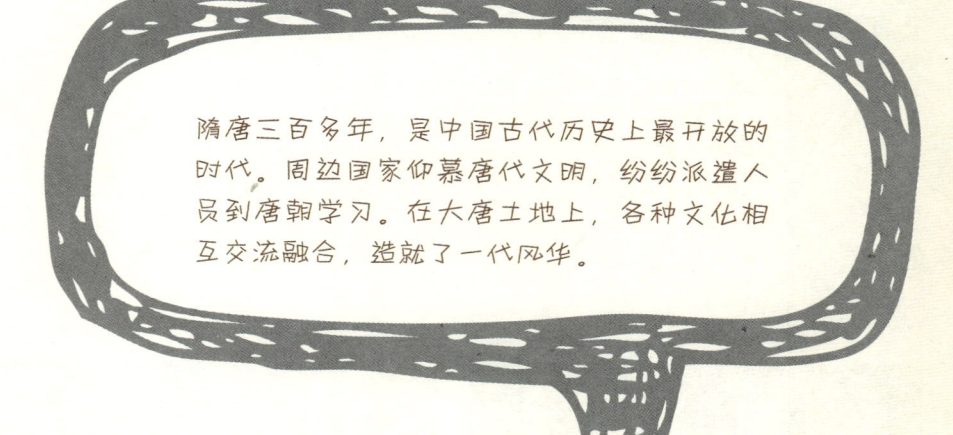

隋唐三百多年，是中国古代历史上最开放的时代。周边国家仰慕唐代文明，纷纷派遣人员到唐朝学习。在大唐土地上，各种文化相互交流融合，造就了一代风华。

艺术代表：书法　绘画
　　　　　雕塑　陶瓷

隋唐

艺术史判断：

艺术风格多样，技法高超，每个领域都出现了大师和伟大的作品。
唐楷成为后世学书者的典范；人物画进入黄金时代；"唐三彩"是陶瓷中的奇葩　唐代艺术充满了乐观精神和不可思议的活力。

书法

后人评说唐代书法，往往称唐字"隆法"或"重法"，指的是唐代定下了楷书的规范。长久以来，唐楷都是后世学书者的典范。虞世南、欧阳询、褚遂良、颜真卿、柳公权，都是楷书大家。其中，欧体（欧阳询的楷书）、颜体（颜真卿的楷书）、柳体（柳公权的楷书），更是最受重视的学习样本。

唐楷

欧体：瘦硬丰润

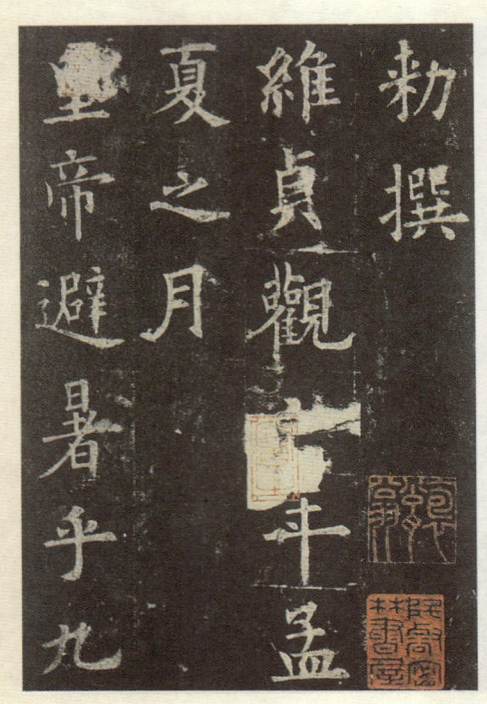

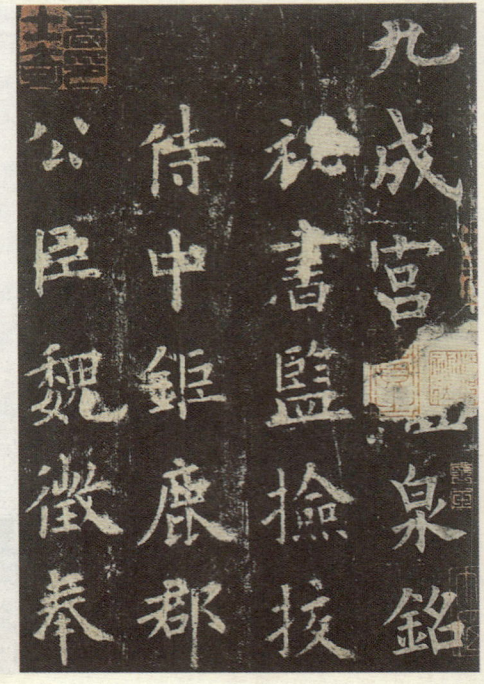

唐 欧阳询 九成宫醴泉铭（局部）

唐 欧阳询 九成宫醴泉铭（局部）
此碑记述了"九成宫"的来历和其建筑的雄伟壮观，介绍了唐太宗在宫城内发现醴泉的经过。

颜体：饱满、端庄。

唐 颜真卿 东方画赞碑（局部）
碑文赞颂了汉代东方朔的博学多识与高洁品格。

柳体：均匀瘦硬。

唐 柳公权 玄秘塔碑（局部）
此碑记叙了唐代僧人大达法师的身世与德行。大达法师去世后，灵骨安放于玄秘塔。

唐 褚遂良 雁塔圣教序

狂草

　　在中国书法中,"狂草"最具个性风格。"狂草"之特点在"狂"。此"狂"一指书之狂,其书法诡奇恣肆,狂放不羁。一指人之狂,书法家在创作时往往会处于癫狂状态。唐代出现了两位"狂草"大家——张旭和怀素。张旭与李白是意趣相投的朋友。怀素的生活年代晚于张旭,他自幼出家为僧,

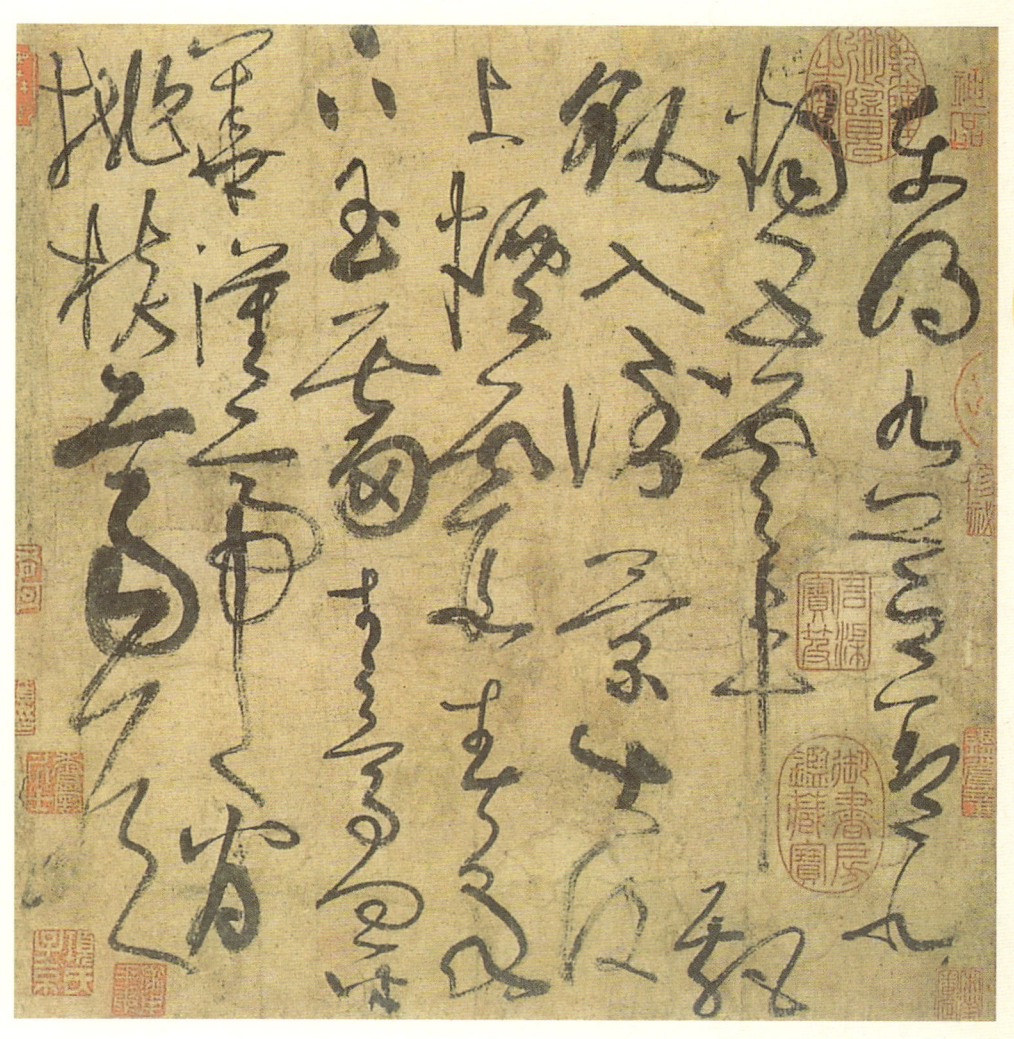

唐　张旭　古诗四帖（局部）
"东明九芝盖,北烛五云车。飘飖入倒景,出没上烟霞。春泉下玉霤,青鸟向金华。汉帝看桃核,齐侯（问棘花。应逐上元酒,同来访蔡家。)"

是玄奘法师的门人。张旭性嗜酒，常常大醉，醉后呼叫狂走，然后下笔作书，有时甚至会以头发蘸取墨汁来作书，醒来自己看到墨迹，也认为是神来之笔，再作即不可能。因为他的这种创作狂态，人们称他为"张颠"。怀素嗜酒更甚于张旭，一日要醉多次，往往醉后狂书，时人就称他为"狂僧"。"颠张狂素"或"颠张醉素"的说法即来源于此。

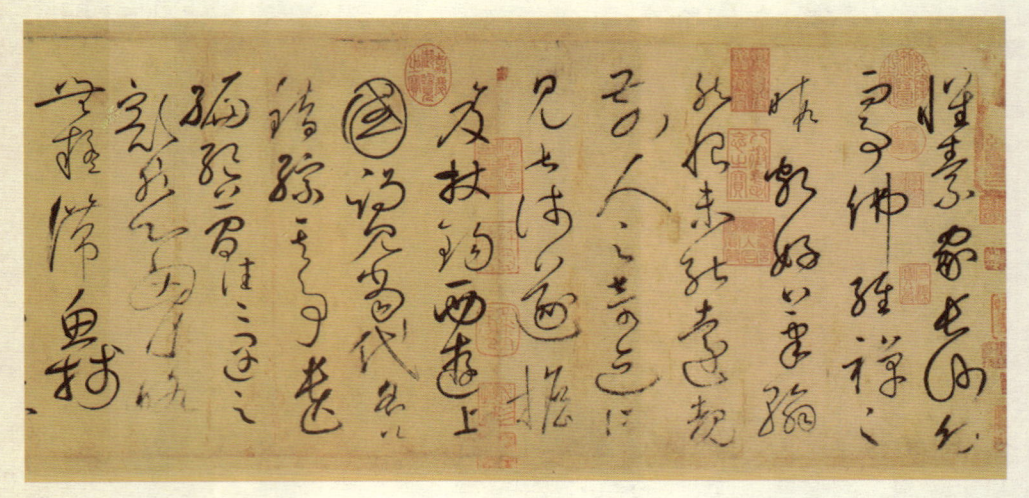

唐 怀素 自叙帖（局部）

"怀素家长沙，幼而事佛，经禅之暇，颇好笔翰。然恨未能远睹前人之奇迹，所见甚浅。遂担笈杖锡，西游上国，谒见当代名公，错综其事。遗编绝简，往往遇之，豁然心胸，略无疑滞。"

绘画

唐代是人物画的黄金时代。

山水画到隋唐有了变化，山水不再仅仅作为人物的背景，而是逐渐独立出来。唐代大都是彩色的"青绿山水"。水墨山水开始起步，但不是主流。

隋唐

彩色山水画

隋代展子虔的《游春图》是中国现存最早的山水画。画家先用笔勾勒出山水的轮廓，然后用颜料填涂，颜料主要是孔雀石和绿松石磨成的粉末，这样的青色和绿色，在画岩石和地表的青苔时，都非常生动。这类山水画被称作"青绿山水"。据说，"青绿山水"的画法，是展子虔开创的。到唐代，李思训、李昭道父子延续了这种画法，且更上一层楼，构图更为复杂精巧，山石植被画得更有质感，形成了更具东方贵族气息的装饰性画风。

隋 展子虔 游春图

采用鸟瞰式构图，表现贵族士人们的春游景象。两侧青山耸峙，山之间是大片的江水，江面上水波粼粼。有人泛舟其上。

展子虔遊春圖

隋唐

唐 李昭道 明皇幸蜀图

这是一幅以山水为主的历史故事画，画的是唐玄宗（唐明皇）在安史之乱中到四川避难之事。

一队人马在蜀地的崇山峻岭间穿行。

全图为平视构图。

山石、树木画得都很细致。

唐 李昭道 明皇幸蜀图（局部）

红衣人，乘三花黑马，正要过桥，
此人应为唐明皇（唐玄宗）

隋唐

人物画的黄金时代

唐代朝廷中发生大事时，往往会让宫廷画师画下来，就像今天照相一样。这类画以故事和人物为主。唐代阎立本的《步辇图》就属这类纪实性画作。

仕女画在唐代人物画中最有特色。画的主人公大都是贵族女性。张萱和周昉是唐代最有名的仕女画家。

唐 阎立本 步辇图
唐太宗坐在步辇上接见吐蕃使臣。步辇是由宫女们抬着的座椅。为显示帝王尊严，画家有意将周围人物画得小一些，而将唐太宗李世民画得高大。

阎立本《步辇图》

唐贞观年间，吐蕃之王松赞干布派遣使者到长安向唐王朝求婚，唐太宗李世民答应了这一请求，决定将文成公主嫁给松赞干布。松赞干布就派使臣禄东赞到长安迎接文成公主。《步辇图》即以此为题。画面描绘的是唐太宗接见吐蕃使臣禄东赞的情景。

隋唐

吐蕃使臣禄东赞：谨慎谦恭，有风尘之色，但又显得精明强干。禄东赞穿细花小衣，跟史书上的记载一致

翻译

唐朝的礼仪官

唐 阎立本 步辇图（局部）

张萱《捣练图》

　　张萱是唐玄宗时的宫廷画家，画作多取材于贵族生活。张萱用画笔忠实记录过唐玄宗和杨贵妃的日常生活。

木杵[chǔ]：两端粗，中间细的木棒

唐 张萱 捣练图（局部）——捣练

浸在木盆中的丝织品"练"

隋唐

唐 张萱 捣练图

熨练

　　练是丝织品的代称。捣练是将丝织品放在草木灰水中，用木杵捶打，将丝中的胶和杂质去掉，让丝织品变得清洁而柔软。捣过的练才能做衣服。

缝制　　　　　　　　　　　　捣练

隋唐

唐 张萱 捣练图（局部）——熨练

用熨斗熨烫练，让它平整

扇炉火的侍女，炉火
用来加热熨斗

隋唐

衣服上的花纹好漂亮

贪玩的小女孩

正在使劲扯平练的妇人

99

周昉《簪花仕女图》

周昉是中唐时期的宫廷画家。他笔下的女性形象以肌肤丰满为美，衣着富丽，用笔简劲，色彩柔丽。多表现宫中女性单调寂寞的生活，如扑蝶、抚筝、对弈、挥扇、演乐等。

唐 周昉 簪花仕女图

这幅画卷展现了后宫嫔妃的一个生活片断。大致是在暮春时节，卷首和卷尾的两名仕女相向回首，前后呼应，将整幅画结构为一个整体。

人物体态丰满，服饰颜色以红、紫为主。画中贵妇头梳高髻，簪大朵牡丹，身着轻薄华美的纱衣，臂膊在纱衣中若隐或现。

每个人都沉浸于自己的世界中，整幅画卷充满悠闲气息。

身着朱红披风的女子神情凝重

可爱的小狗

走动展翅的白鹤

持花的女子神情悠然自得

隋唐

逗狗的女子青春活泼

韩滉《五牛图》

中国古代山水画、花鸟画、人物画均有较多精品传世，但以牛入画，且又如此生动者，唯有唐代韩滉的《五牛图》。

《五牛图》画了五头神态各异的牛。每头牛肥瘦不同，筋骨描绘得十分清晰，毛皮极富质感，说明画家的造型能力很强。画面采用近景构图，中间一头牛是正面面向观者，由于画家对透视处理得十分到位，因而整幅画显得逼真自然。更为吸引人的是，每头牛似乎都有不同的性格，神态各异，充分展现了画家细致的观察能力。

隋唐

昂头前行的这头牛比较严肃

贴近荆棘的这头牛安然自在

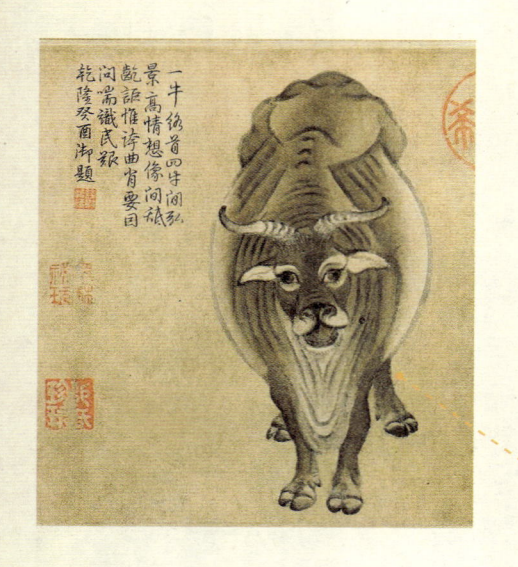

《五牛图》寓有深意。后世大都认为这五头牛是被人格化了的。五头牛中的四头都很悠闲自在，只有一头牛戴着络头。这头牛明显地不太高兴，或许是因为不自由，或许是感到不公平。

居中的这头牛显得老实本分

戴着络头的牛

舔舌回首的这头牛眼神活泼，有点调皮

唐 韩滉 五牛图

飞天：敦煌壁画之精灵

  甘肃省的敦煌是古代丝绸之路的一个必经之地。在那里，敦煌本地人、往来中西的客商们为了祈福或者信仰，都愿意出资建造佛教石窟。这些石窟集中在敦煌东南鸣沙山的断崖上，自前秦到元代，历经十个朝代，数量达几百个，史称"莫高窟"。莫高窟中，既有泥塑的佛像，也有美丽的壁画。最有艺术生命力的作品集中在隋唐时期。

  佛教把空中飞行的天神称为"飞天"。飞天是敦煌壁画中多彩多姿的精灵。莫高窟的每个洞窟中，几乎都绘有飞天。

  魏晋南北朝时期，飞天的形象主要还是舶来品，印度和西域少数民族的色彩非常明显。飞天的头部有光圈，脸型椭圆，鼻梁挺直，大眼大嘴大耳，戴耳环，头束圆髻，身材粗短，上身赤裸，飞行的姿势十分笨拙。隋代是飞天绘画最多的一个时代，飞天种类最多、姿态最丰富。有手持乐器的，也有手捧花盘的，还有扬手散花的，飞行姿态更是千变万化。到唐代，飞天的艺术形象达到了完美境地，形成了完全中国化的飞天。

隋唐

唐 飞天
这洞窟壁画上的黑飞天为唐代壁画所独有。

    飞天的飞翔之态在印度壁画中多是通过项链的倾斜来暗示，在西域少数民族壁画中则将身体前倾，而在中国的飞天中，人物的下半身创造性地使用了飞动的衣裙和长长的飘带，形象地表现出飞翔之意，更为优美轻盈，充满着生命的律动，凸现出中原文化传神写意、气韵生动的审美追求。

唐 飞天

隋唐

雕塑

唐代的雕塑大都是佛教人物，如佛、菩萨、力士等。今天，我们要想看唐代雕塑，可以去甘肃敦煌、四川乐山、洛阳龙门等地。唐代雕塑的这些形象，有的十分高大威猛，体现大唐气势；有的亲切自然，充满人间气息。

敦煌石窟佛教雕像

唐 菩萨

唐 菩萨

洛阳龙门石窟

唐 大卢舍那佛龛

隋唐

唐 大卢舍那佛（局部）

四川乐山大佛

唐 弥勒大佛
这尊佛坐像高71米,有"山是一尊佛,佛是一座山"之壮誉,是世界上最大的摩崖石刻佛像。
大佛雕凿于乐山栖峦峰上,此处是岷江、青衣江、大渡河汇流处,水势凶猛,常造成船毁人亡的悲剧。唐代一名叫海通的和尚遂起意修造这尊大佛,以求镇压水势。共开凿了90年,始建成此大佛像。

大佛的头顶共有螺髻1021个。这些螺髻都是石块嵌就的。

隋唐

陶瓷

　　唐代最有名的陶瓷是"唐三彩",这是一种陶器,器物上有黄、绿、褐、蓝、黑、白等多种釉色,但一般以黄、绿、褐三色为主,所以称"三彩"。各种颜色互相浸润,显得五彩斑斓,十分绚丽。

　　唐三彩多是唐代王公百官墓中的陪葬品。出土的唐三彩有好多种器型,有动物、人物以及日常生活中的各种物品。唐三彩中最有名的是各种人物,比如女仆、打猎的人、骆驼载乐俑等,这些常被当做唐三彩的代表。

唐 狩猎俑
这是一个骑在马上打猎的人。他一手勒住马缰,一臂高举握拳,侧身后顾,似乎想攻击身后边的动物。

唐 猎骑胡俑

隋唐

中小学传统文化艺术读本

唐 骆驼载乐俑
骆驼上以木架做成平台。上面坐着的都是表演音乐的人，有男有女，他们正在弹奏乐器。

跳舞的女孩

男乐俑，乐器有：箫、笛、篳篥、琵琶、拍板、排箫、笙等

唐 骆驼载乐俑

似乎在歌舞的胡人

吹觱[bi]篥[li]

弹琵琶

隋唐

唐 女坐俑

唐 三彩女立俑
这些都是唐代的女子。她们肩上披的叫作"帔巾",是唐代女性的时尚穿着。仔细看,每个女子的表情都不一样呢。

以胖为美

我要穿越,我要穿越,穿越到唐朝,我就是美男子了。

你这么胖,到哪里也做不了美男子。

隋唐

唐代就可以，我们刚上过绘画鉴赏课，唐代可真是胖子的天堂哦。

唐代人物画确实以丰腴为美，可那都是仕女，你老人家要去了，得变性。

隋唐

也不见得，反正，我觉得吧，美好的时代就是要以胖为美，这样就可以放心地吃，越吃越胖，越胖越美。

人家唐代绘画中的人物，虽然胖，但都显得高贵、宁静，那气质可不是靠吃出来的。

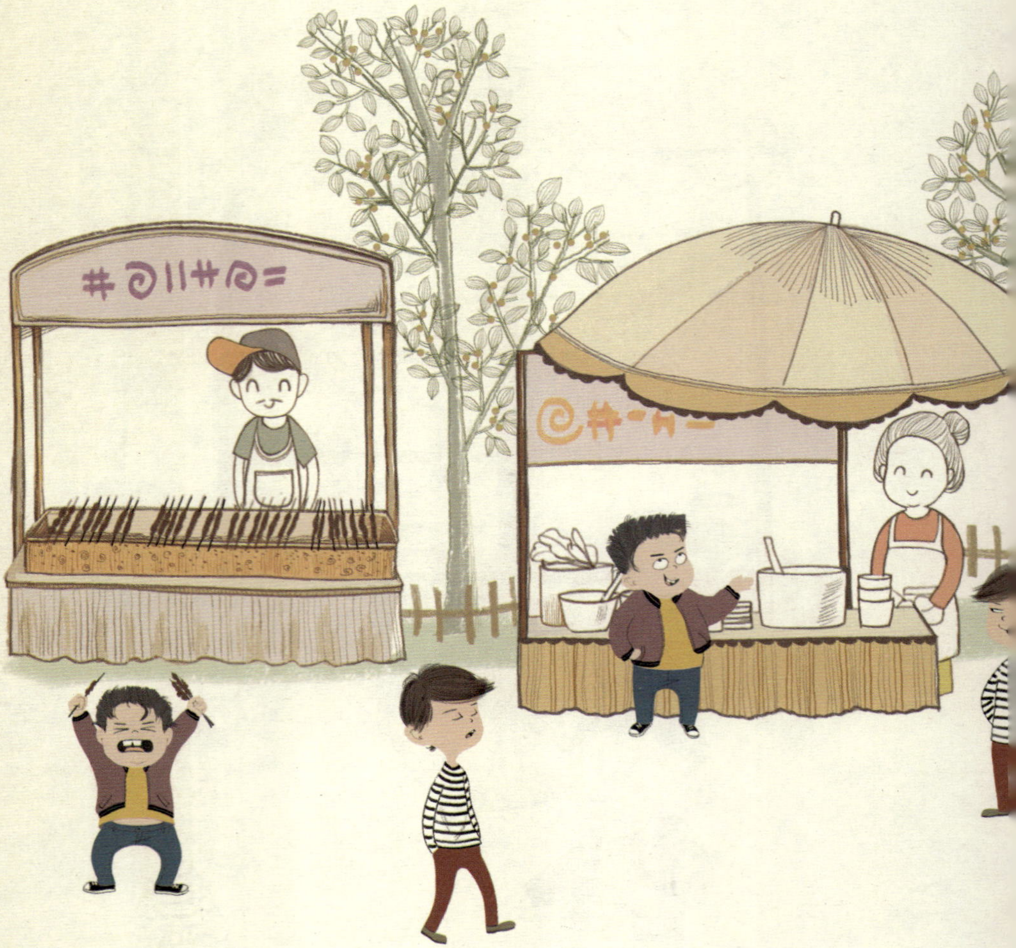

隋唐

123

也是，吃货只能吃出脂肪，吃不出内涵来。
除了脂肪，也许还有脂肪肝。